UNE VILLE RESSUSCITÉE

PARIS. — IMP. CHAIX, SUCC. DE SAINT-OUEN. — 2412-2.

BIBLIOTHEQUE DU JEUNE AGE

UNE
VILLE RESSUSCITÉE

PAR

Rémy de GOURMONT
Attaché à la Bibliothèque nationale.

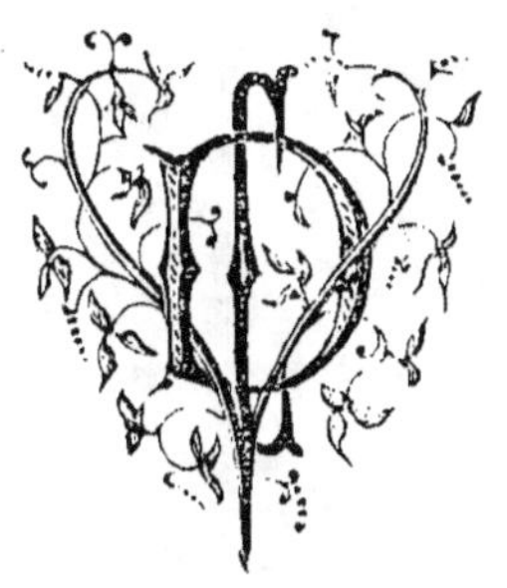

PARIS

LIBRAIBIE GÉNÉRALE DE VULGARISATION

A. DEGORCE-CADOT

9, rue de Verneuil, 9

1882

UNE VILLE RESSUSCITÉE

I

Pompéi. — Un mot d'histoire. — La catastrophe.
Les fouilles.

Les poètes. les romanciers, les voyageurs ont
tant de fois décrit le golfe de Naples qu'aucun
site au monde n'est plus célèbre. Aucun, du reste,
n'est plus fait pour exciter l'enthousiasme : le ciel
pur, la mer bleue et calme, les villas peintes de
couleurs éclatantes, les pêcheurs au costume
pittoresque, les filets étendus sur la plage, tout
cela forme un ensemble unique, un paysage dont
l'éclat et la grâce ravissent ceux qui ont pu le
contempler et dont la description cent fois répétée
est encore une des plus intéressantes que l'on
puisse lire.

Du temps des anciens, lorsque le Vésuve n'était
qu'une montagne couverte de vignes et d'habitations jusqu'au sommet, terminé par un plateau
fertile, aucune ombre n'attristait le tableau.
Depuis que le Vésuve se révéla brusquement

comme un volcan formidable ; depuis que, à la suite de ses éruptions successives, un cône menaçant s'est dressé sur le sommet dévasté ; depuis que la montagne souriante est devenue sombre et noire ; depuis qu'une colonne de fumée s'en échappe sans cesse, on sent qu'une menace perpétuelle plane au-dessus de ces campagnes baignées de soleil, de ces villas joyeuses, au-dessus de Naples plongée dans sa tiède mollesse.

Tout le long de la baie et autour du mont, les vestiges des ruines accumulées par les catastrophes passées attristent en faisant passer dans l'esprit des idées de mort et de décadence. Les anciens ont joui du golfe de Naples dans toute la splendeur de sa beauté primitive : ce qu'il est n'est qu'une image imparfaite de ce qu'il a été.

Pompéi s'élevait au fond du golfe, entre Naples et Stabies. A une demi-lieue de Naples était Herculanum.

Naples, l'ancienne Parthénopé, prit ce nom de Neapolis, la nouvelle ville, après qu'une colonie, venue de Cumes, l'agrandit et doubla son importance. C'est le nom qu'elle gardera à travers les siècles. Herculanum semble avoir été fondée par les Grecs qui apportèrent en Italie, avec ses légendes, le culte d'Hercule.

Pompéi, vieille ville osque, devenue le centre de la première civilisation campanienne, fut de bonne heure un port commerçant et fréquenté. Les Phéniciens entretenaient de perpétuelles relations avec elle. Ils lui apportèrent leur Vénus Physica, déesse d'origine asiatique, qui devint la divinité protectrice ou la patronne de la ville : on la nommait, pour rappeler le culte particulier qui lui était rendu, Vénus Physica Pompeiana.

Les Grecs, après les Phéniciens, colonisèrent l'Italie méridionale, et leur influence y fut si grande, les racines qu'ils y jetèrent si profondes, que la contrée devint véritablement grecque et prit le nom de Grande-Grèce. La Campanie, pourtant, se montra rebelle à la domination étrangère; Pompéi résista surtout et, après la destruction de Cumes, en l'an 417, elle redevint la vieille ville osque de ses origines, retourna à sa civilisation indigène et primitive, et ne tarda pas à être la cité la plus puissante et la mieux fortifiée du littoral.

Pendant la guerre que les Romains firent aux Samnites (310), les Pompéiens leur résistèrent et les firent reculer. Plus tard, Pompéi succomba avec la confédération samnite, mais non pas sans avoir subi un siège mémorable.

Sylla y envoya une colonie militaire, deux mille vétérans pour lesquels il fallut que les Pompéiens se dépouillassent d'une partie de leur richesse; mais rien ne les dompta. Auguste leur envoya une nouvelle colonie : calmés un instant, les Pompéiens ne tardèrent pas à se laisser aller de nouveau à leur tempérament belliqueux.

A ce moment-là, Pompéi est une ville romaine. Néron même l'a élevée à la dignité de colonie. Il ne peut plus être question pour elle ni de guerre, ni d'indépendance ; aussi la dernière affaire sanglante à laquelle Pompéi prend part est-elle une querelle de jalousie. Un sénateur romain exilé donnait dans l'amphithéâtre de Pompéi le spectacle d'un combat de gladiateurs. Les habitants d'une ville voisine. Nucéria, y vinrent en grand nombre. Ils prétendaient en avoir le droit; les Pompéiens, déjà en rivalité avec les Nucériens, commencèrent par des injures. Des injures, de part et d'autre, on en vint aux coups; une véritable bataille s'engagea. Les Nucériens furent les plus faibles et perdirent beaucoup de monde. La chose vint aux oreilles du Sénat. qui défendit pour dix ans à Pompéi les combats de gladiateurs.

Tacite. dans ses Annales. rapporte le fait. Une caricature dessinée à la pointe d'un couteau sur un mur le confirme. Le dessin. très grossier, ne disait rien par lui-même, mais on lit au-dessous : « O Pompéiens, vous êtes vainqueurs, mais vous êtes perdus aussi bien que les Nucériens ! » Cette phrase, écrite en l'an 59, semble une prophétie sur le sort qui attendait Pompéi vingt ans plus tard. Elle n'exprime réellement que le regret des combats de gladiateurs, dont les Pompéiens étaient passionnés; mais c'est là, pourtant. une singulière rencontre.

Malgré leur caractère agressif et leur amour de la liberté, les Pompéiens ne négligeaient point la source de leur prospérité, le commerce. Actuellement à deux kilomètres de la mer, par suite des envahissements de la lave. Pompéi avait, en ce temps-là, un port vaste et de facile accès, capable de contenir une flotte entière. C'était par Pompéi que s'écoulaient à l'extérieur les produits de la contrée ; c'était elle qui recevait les importations. Le vin paraît avoir été une des principales branches du commerce de Pompéi, si l'on peut en juger par ce fait que la plus riche maison que l'on ait encore retrouvée appartenait à un marchand de vin.

Pompéi jouissait de sa prospérité en ville qui sait mêler, selon le précepte d'Horace, le sérieux aux plaisirs, lorsqu'en l'an 63 un tremblement de terre ravagea toute la Campanie. Il se fit sentir jusqu'à Naples, secoua Herculanum, détruisit presque complètement les monuments de Pompéi, ébranla les maisons et obligea les habitants à fuir leur ville.

Le danger et la panique passés, les Pompéiens revinrent, réédifièrent la cité à la hâte et reprirent leur vie passée sans prévoir que ce premier désastre n'était que le prélude d'une catastrophe plus grande encore et qui devait être irrémédiable.

En 79, la ville était à peine rebâtie ; différents quartiers, celui de l'Amphithéâtre, par exemple, étaient encore en reconstruction, lorsque le Vésuve entra soudain en éruption et ensevelit en quelques jours, sous une pluie de cendres, la nouvelle Pompéi. Nous avons raconté ailleurs cet événement avec quelques détails (1), nous n'y reviendrons pas ici.

Herculanum disparut en même temps que Pompéi, ainsi que plusieurs autres petites villes du littoral. Cette destruction de cités importantes et

(1) *Un volcan en éruption*, par R. de Gourmont (Degorce-Cadot, *Bibliothèque du jeune âge.*)

prospères causa une vive émotion à Rome. L'empereur Titus s'intéressa aux victimes, les soulagea de son mieux, et assigna aux habitants sans asile le séjour de Naples.

Cependant, tant est fort l'amour du sol natal, beaucoup de Pompéiens revinrent s'établir aux environs des ruines de leur ville, sur le lieu même du désastre. En même temps, des fouilles furent pratiquées dans la ville encore fumante. A l'origine, de trois à cinq mètres de cendres couvraient seulement les décombres ; la couche de cendres fut augmentée par les éruptions postérieures, mais bien longtemps encore on vit distinctement l'endroit où Pompéi était ensevelie.

On a retrouvé les traces de ces premières fouilles et les puits par lesquels les habitants étaient descendus chez eux. Cela explique la disparition de colonnes de marbre, d'ustensiles et de meubles précieux. On a aussi remarqué que des trous faits aux murailles faisaient communiquer les maisons entre elles : en pratiquant ces ouvertures, on pouvait rapidement fouiller toute une rue ; c'était plus simple que de creuser une quantité de puits et de rechercher les portes des maisons. Quelques habitations furent, dès ce temps-là, absolument dépouillées : mais on peut croire qu'il n'y eut point pillage, car les maisons riches dont les propriétaires périrent restèrent intactes. Un obstacle, d'ailleurs, s'opposa au déblaiement complet de la ville : l'exhalaison des gaz délétères, qui avait contribué à faire périr les habitants, dut continuer longtemps encore, et c'est à ce phénomène que nous devons la conservation de Pompéi. Les mêmes faits se reproduisirent plusieurs fois pendant les fouilles modernes, et ces gaz, que les Italiens appellent la *mofetta*, faillirent ent aver le déblaiement des caves de la maison de Diomède : les ouvriers durent souvent interrompre leurs travaux et quitter en toute hâte le souterrain.

Les Pompéiens avaient reconstruit quelques habitations près des ruines : ce village eut le même sort que la ville, il fut complètement détruit par l'éruption de 472.

Le nom même de Pompéi fut oublié pendant tout le moyen-âge, et ce ne fut qu'à la Renaissance que l'étude attentive des ouvrages des anciens apprit aux érudits le drame qui s'était déroulé en l'an 79. A ce moment-là, au commencement du xvie siècle, des écrivains contemporains prétendent que les ruines étaient encore visibles sous la couche de cendres, comme un cadavre sous un linceul ; cela semble exagéré.

Cependant, le peuple même se doutait que le monticule qui s'élevait à la place où fut Pompéi cachait les ruines d'une ville ; mais en même temps on se disait qu'elle avait été détruite par le feu du ciel, comme Sodome et Gomorrhe, et c'eût été un sacrilège que d'y mettre la pioche. Heureux préjugé, qui a réservé à un siècle capable de les admirer et de les comprendre la découverte de trésors inestimables, enfouis seulement sous quelques mètres de terre et dormant là depuis dix-huit siècles !

En 1592, en construisant un aqueduc, on rencontra le sommet de quelques monuments ; on n'en tint pas compte. Nulle curiosité ne fut éveillée. L'architecte ignorant qui conduisait les travaux s'appelait Domenico Fontana : il perdit là une belle occasion de s'illustrer. En 1711, quelques fouilles furent pratiquées à Résina, sur l'emplacement d'Herculanum, et amenèrent d'importantes découvertes. Enfin, en 1748, des paysans creusant des fossés dans une vigne mirent à découvert une inscription qui faisait mention de Pompéi, en même temps que quelques objets antiques. Le roi Charles III fit alors l'acquisition de tout le terrain, facile à déterminer, qui couvrait Pompéi, et les fouilles commencèrent. A Pompéi on occupa en tout huit ouvriers ; cinquante-trois à Herculanum, dix-neuf à Stabies. Les fouilles marchaient avec une lenteur telle que Winkelman, le célèbre archéologue, le restaurateur de l'art antique, estimait que, de ce train-là, il faudrait plus d'un siècle pour mettre à nu Pompéi. Il prédisait trop juste. Il n'y a guère, aujourd'hui, plus d'un tiers de la ville de fouillé.

Les travaux furent menés lentement, et aussi avec la plus complète inintelligence. Comme à Herculanum, on y employa des forçats, sous la direction du colonel espagnol don Rocco Alcubierre. Cet Espagnol, peu instruit, ne fit à peu près que ruiner les ruines. Ce ne fut guère que pendant l'occupation française que les travaux marchèrent. En 1813, quatre cent soixante-seize ouvriers étaient occupés à Pompéi.

Lorsque les Bourbons revinrent, tout fut pour

ainsi dire arrêté. Le roi Ferdinand réduisit la somme consacrée aux fouilles à une allocation dérisoire. Enfin, en 1860, un des premiers actes de Victor-Emmanuel fut de mettre à la tête de l'entreprise M. Fiorelli, savant remarquable et doué de l'activité intelligente nécessaire pour la mener à bien. En trois ans, sous sa direction, on avança davantage que pendant les trente années précédentes.

Pourtant, il faut bien le dire, il est honteux que plus de la moitié de Pompéi soit encore sous les cendres. Il semble que, pour une œuvre pareille, l'argent ne devrait pas être ménagé, et il est attristant de voir les fouilles s'arrêter de temps à autre, faute des fonds nécessaires. Les Italiens, qui aiment à se dire les fils aînés de l'antiquité, devraient rougir d'un tel état de choses et montrer un peu plus de générosité, un peu plus d'empressement à mettre au jour ce petit coin précieux de la civilisation de leurs ancêtres.

II

Le Forum et les monuments qui l'entourent. — Les temples.
Les oracles.

Le chemin de fer de Naples à Salerne dépose les visiteurs à la station même de Pompéi. Près de là se trouve l'hôtel *Dioméde*, établissement moderne affublé d'un nom antique, justifié du reste par le voisinage. On gravit un monticule de cendres et de déblais, et l'on entre dans la ville morte par une rue étroite qui sépare la Basilique du temple de Vénus : on arrive dans le Forum.

Le Forum était le centre de la vie publique chez les anciens. C'était là que le peuple se réunissait pour discuter les affaires locales, procéder aux élections. Les grandes villes en avaient deux : l'un réservé aux affaires civiles et judiciaires, l'autre aux affaires commerciales ; l'un appelé *forum civile*, l'autre *forum venale*. On a cru retrouver à Pompéi le *forum venale* : il fut découvert en 1754, mais depuis il a été comblé et on ne peut jusqu'ici émettre que des conjectures. Il est plus probable que le prétendu *forum venale* était un marché aux bœufs ; sa situation, à l'une des extrémités de la ville, ferait pencher pour cette supposition. Il n'y avait donc à Pompéi qu'un forum.

« Pavé de marbre, il était entouré de portiques
à colonnes doriques de marbre blanc. Au-dessus
de ces portiques étaient des terrasses auxquelles
on arrivait par des escaliers étroits et raides,
s'ouvrant en dehors de l'enceinte. Les rues qui y
aboutissaient étaient fermées la nuit par des
grilles de fer. Le forum était décoré de statues :
plusieurs piédestaux subsistent encore. Ruiné
par le tremblement de terre de l'an 63, le forum
était en pleine reconstruction au moment de
l'éruption (1) ».

Tout autour s'élèvent des temples et des monuments : le temple de Vénus, l'école de Verna,
le temple de Jupiter, le temple d'Auguste ou
Panthéon, la curie, le temple de Mercure, l'édifice d'Emmachia, les tribunaux, la basilique.
Nous passerons en revue ces monuments en ne
les considérant pas comme des ruines, mais en les
restaurant par la pensée, en les repeuplant de la
foule qui les animait.

Le plus important de tous, à Pompéi comme
dans toute ville romaine, au moins par ses proportions, c'est la basilique. Le mot moderne,
le Palais, traduit assez exactement le mot ancien :
une traduction plus exacte, en se rapportant à
l'origine grecque, serait Cour royale. Dans les
premiers temps, la basilique n'était qu'une immense halle couverte ; plus tard, elle prit une
forme architecturale, des colonnades la parta-
gèrent en trois et même en cinq nefs ; enfin, le

<hr>

(1) Du Pays : *Itinéraire d'Italie.*

simple renfoncement qui, au fond, recevait les sièges des magistrats s'agrandit, devint un appendice au monument et forma ce qu'on nomme, dans les églises, l'abside.

Les basiliques, en effet, furent les premiers temples chrétiens de la religion nouvelle, adoptée et protégée par les empereurs. Leur forme est restée à peu près celle des cathédrales; seulement, elle s'augmenta des chapelles latérales qui complètent la croix latine. Nous verrons que les temples païens, souvent de dimensions très restreintes, ne pouvaient convenir au nouveau culte, ni au développement grandiose de ses fêtes et de ses cérémonies.

La basilique de Pompéi s'ouvrait sur le forum par une sorte de vestibule ménagé entre les colonnes qui s'élevaient le long de la place publique et le corps du monument. De chaque côté sont des loges ouvertes au peuple; au fond, remplaçant l'abside, la tribune destinée aux magistrats, qui, d'un coup d'œil, pouvaient embrasser l'édifice entier. En face de cette tribune, du côté de l'entrée, on voyait une statue colossale supportée par un piédestal de marbre blanc, qui seul est encore là. Le monument, du reste, était orné de nombreuses statues, dont on a retrouvé des fragments en bronze doré.

A côté de la basilique s'ouvrent trois salles, que l'on appelle tribunaux, mais dont la destination n'est pas certaine. En tout cas, il ne se jugeait là que les causes de peu d'importance et devant des magistrats subalternes, commissaires ou juges de

Voie des Tombeaux, à Pompéi.

paix, car, dans l'empire romain, les affaires étaient examinées, débattues et jugées devant le peuple assemblé. Nos salles de cours d'assises ne peuvent donner qu'une idée mesquine de ces basiliques où une foule, un peuple entier quelquefois, se pressait devant la justice, s'intéressant à tous les détails de la procédure, applaudissant les orateurs, s'inclinant avec la fierté des hommes libres devant l'arrêt rendu par les magistrats choisis et nommés par lui.

La Curie, appelée aussi salle du Sénat, a peu d'importance comme monument. C'est là que siégeaient les édiles chargés de veiller à la sécurité de la ville, à l'entretien des édifices publics, enfin remplissant à peu près le rôle des conseils municipaux, bien qu'ils fussent en plus petit nombre.

Avant de parler des temples, disons un mot de deux édifices assez curieux, l'École de Verna et l'édifice d'Eumachia.

L'École de Verna était une école publique. Verna, d'après une inscription lue sur les murs, était le nom du maître. D'après cette même inscription, Verna invoque la protection du duumvir, ou magistrat judiciaire, tandis que, plus loin, une inscription analogue nous montre un certain Valentinus, concurrent de Verna, invoquant pour lui et ses élèves la bienveillance des édiles. Nous pouvons, en connaissance de cause, prendre parti pour un des rivaux. Verna semble écrire correctement son latin, Valentinus étale son ignorance sur les murs. Ce maître d'école est brouillé avec la syntaxe, il ne rougit pas d'écrire : *cum discentes suos*, au lieu de *cum discentibus suis*. Espérons que Verna l'emporta sur son concurrent dans la faveur publique.

Qu'est-ce que l'édifice d'Eumachia ? Une inscription retrouvée en cet endroit dit ceci : « Eumachia, prêtresse publique, en son nom et au nom de son fils, a érigé à la Concorde et à la Piété auguste un chalcidique, une crypte et des portiques ».

Qu'est-ce qu'un chalcidique? Graves et longues discussions à ce sujet parmi les savants... Quoi qu'il en soit, l'édifice est curieux. Entre les deux portes, dans une niche carrée, la statue d'Eumachia (ou du moins une reproduction de cette statue) est encore debout sur son piédestal. C'est une femme de haute taille, qui paraît triste et malade. Une inscription nous apprend que la statue fut érigée en son honneur par les foulons. Ces artisans formaient, à Pompéi, une corporation respectable. Tout s'explique maintenant : l'édifice d'Eumachia devait être le Palais de l'industrie. C'est ici la Bourse pompéienne, qui se tenait en été dans le portique, en hiver dans la crypte; le tribunal de commerce siégeait dans l'hémicycle, au pied de la statue de la Concorde, élevée là pour apaiser les querelles entre négociants. Dans la cour, les gros blocs de pierre encore debout étaient les tables où reposaient leurs étoffes. La citerne et les cuves servaient à les laver. Enfin, le chalcidique était la petite Bourse, et les niches qui s'y voient encore étaient les tribunes des crieurs jurés. Mais qu'y avait-il de commun entre ce marché, ce comptoir de foulons et la mélancolique prêtresse (1) ? »

L'auteur que nous citons ne répond pas à la question qu'il se pose. Personne n'y a répondu.

Pendant que les plaideurs ou les curieux emplissent la basilique, que les oisifs arpentent en causant distraitement les portiques du forum, que les femmes se promènent sur la terrasse qui surmonte les colonnades, que les marchands crient et discutent leurs intérêts dans l'édifice d'Eumachia, comme nos boursiers modernes dans le temple de la rue Vivienne, les dévots se pressent à la porte des temples, offrent des sacrifices, consultent l'oracle.

Le temple le plus somptueux et aussi le plus populaire de Pompéi était le temple de *Venus physica Pompeiana*. C'était une déesse locale et, comme nous l'avons dit, la protectrice attitrée de la ville, invoquée et vénérée là comme jadis sainte Geneviève à Paris, comme aujourd'hui encore saint Janvier à Naples et dans toute la contrée du Vésuve. Les Napolitains jurent volontiers à l'antique : *Per Bacco*, par Baccus ! mais ils ont une dévotion particulière pour le saint dont le sang coagulé se liquéfie miraculeusement quand les circonstances le demandent.

Le temple de Vénus est un vaste rectangle entouré d'un portique couvert, soutenu par quarante-huit colonnes de marbre. Au milieu est le sanctuaire. On y monte par seize marches. Au

______

(1) Marc Monnier : *Pompéi et les Pompéiens*, passim.

fond du sanctuaire est la *cella*, petit édifice destiné à recevoir l'image de la déesse. Devant le sanctuaire est l'autel des sacrifices. Le peuple se tenait sous les portiques, les prêtres seuls entraient dans le sanctuaire.

Le temple de Jupiter tenait tout un côté du Forum. On y arrive par un escalier monumental qui devait être bordé de statues, si l'on en juge par les piédestaux qui existent encore. Au reste, nous savons que Pompéi était à peine rebâtie lorsque l'éruption de 79 la détruisit pour la seconde fois, et il n'est point étonnant qne l'on trouve bien des édifices incomplets. Nous savons encore que les ruines furent fouillées quelques mois après le desastre et que tout ce que l'on trouva de précieux fut enlevé. Cela dut arriver pour les statues sacrées, qui manquent presque partout.

Un autre monument important du Forum est le Panthéon, ou temple d'Auguste. Au milieu se trouve un autel entouré de douze piédestaux, qui devaient probablement supporter les statues des douze grands dieux, les mêmes qui sont figurés sur l'autel appelé des douze Dieux, que l'on peut voir au Louvre. La cella renfermait les statues d'Auguste et des membres de sa famille. A côté de la cella s'ouvrent deux salles où l'on dépeçait les victimes : on voit encore à la muraille les anneaux de bronze qui servaient à les attacher, et, sur le sol, le canal ménagé pour l'écoulement du sang.

Le temple de Mercure s'élevait également le long du Forum. Plusieurs autres ont été retrouvés dans d'autres parties de la ville : le temple de la Fortune, le temple d'Esculape, le temple de Neptune ou d'Hercule (des avis sont partagés), un des monuments les plus anciens de Pompéi et qui survécut probablement au premier tremblement de terre. Enfin, adossé au chevet du Grand Théâtre, se trouve le temple d'Isis, qui mérite une mention particulière.

« Cet édifice consiste, comme les précédents, en une cour découverte entourée de portiques (dans les temples anciens, le sanctuaire seul était couvert). On trouva à l'entrée deux fontaines lustrales pour les purifications et une cassette en bois avec des monnaies de bronze, produit de la bienfaisance publique. Dans la salle des mystères sacrés et dans les chambres des prêtres, on recueillit tous les ustensiles qui servaient aux sacrifices et aux cérémonies religieuses, du charbon et des cendres sur l'autel, des candélabres figurant la fleur et la plante du lotus, des sistres (instruments de musique sur lesquels on frappait avec une baguette) pour accompagner les processions, des vases pour l'eau des purifications, des amulettes (comparables aux médailles pieuses) représentant les attributs d'Isis.

« Mais ce qu'il y a de plus curieux, c'est que sous le sanctuaire, sous la statue même du dieu, on découvrit un petit caveau où l'on descendait par un escalier secret. C'est là que les prêtres s'enfermaient pour rendre des oracles au nom de la déesse et faire parler la statue de marbre devant les païens confiants. Tous les fameux oracles du paganisme n'avaient pas d'autre mystère; mais, pour remplir ce rôle difficile, il fallait une grande perspicacité, une connaissance profonde du cœur humain, un langage poétique et plein d'obscurités calculées » (1).

Terminons ce chapitre par une anecdote curieuse empruntée au même auteur et qui fait la suite de notre citation précédente.

« Nous aussi, à notre tour, nous voulûmes interroger l'oracle d'Isis sur les chances de notre voyage; et un de mes compagnons, s'étant glissé dans la cachette, y trouva fort heureusement sur les murs ces mots qu'il nous jeta d'une voix profonde par le piédestal de la statue : *Feliciter in infelicitate* (heureux dans le malheur)! Véritable réponse d'oracle où l'imagination surexcitée peut deviner tout ce qu'elle désire. Si j'étais superstitieux, je me serais volontiers appliqué cette prédiction d'Isis lorsque, quelques jours plus tard, j'eus le bonheur d'échapper à une affreuse catastrophe de chemin de fer. *Feliciter in infelicitate !* Le malheureux prêtre qu'on déterra dans la curie isiaque (2), une hache à la main, après avoir percé deux murs pour s'échapper, avait peut-être lancé cet oracle le matin même de la catastrophe. Et qui sait si le consulteur, plus heureux que le faux prophète, n'a pas eu la chance d'échapper à l'éruption? *Feliciter in infelicitate !* »

(1) C. Chevalier : *Herculanum et Pompéi.*
(2) Petit monument situé près du temple où les prêtres initiaient leurs adeptes aux mystères de la déesse. C'était sans doute l'école ou le séminaire des prêtres d'Isis.

III

Les rues de Pompéi découvertes jusqu'à ce jour ont reçu des noms assez en rapport avec l'antiquité. En jetant les yeux sur un plan de la ville, on voit les rues de l'Abondance, de la Fortune, des Thermes, du Faune, de Mercure; sans doute, ces noms sont de pure fantaisie et absolument arbitraires, mais ils ne choquent point l'esprit. Il n'en est pas de même pour les maisons : si quelques-unes ont des noms antiques, quelques-unes des plus célèbres s'appellent la maison de François II, la maison de Joseph II, de la reine d'Angleterre, du duc d'Aumale, de la duchesse de Berry, ce qui dépayse le visiteur et n'est pas loin d'être ridicule.

Oublions au plus vite cette intrusion des familles royales, ou seulement ducales, dans le monde antique et parcourons les rues. Les plus larges, la rue de Mercure ou la rue des Tombeaux, n'ont pas plus de sept mètres; il en est beaucoup qui, trottoirs compris, tiennent dans un espace de deux mètres et demi. C'est que les anciens, en fait de voitures, ne connaissaient qu'une sorte de véhicule étroit et long, supporté sur deux roues, sans ressorts, bien entendu, et ressemblant assez, à l'élégance près, à certaines carrioles de nos paysans. On devait y être assez mal porté : aussi, au lieu de perfectionner leurs voitures, les anciens les remplaçaient par la litière. Quatre, six ou huit esclaves la portaient sur leurs épaules sans secousse et d'un pas cadencé, moyen de transport d'origine orientale et qui de Rome s'acclimata à Paris sous le nom de chaise à porteurs. La litière était un véritable lit moelleusement installé avec matelas, traversins et oreillers; on y pouvait manger, lire, écrire, dormir. A certaines heures de la journée, les files de litières longeaient les rues, aux heures des thermes, par exemple, rendez-vous de la bonne compagnie. Les rues, pavées de gros blocs de lave, étaient bordées de trottoirs très élevés au-dessus de la chaussée. Les trottoirs sont revêtus de simples dalles plates, tantôt de plaques de marbre, ou de mosaïques. Au croisement des rues, des bornes servaient à passer d'un trottoir à l'autre, car à la moindre pluie d'orage les rues de Pompéi, comme aujourd'hui celles de Naples. devaient être de véritables torrents.

Au reste, bien que Pompéi fût située sur un plateau, l'eau n'y manquait pas. Des fontaines jaillissantes ornaient les rues, les places et les carrefours. L'eau courait partout, abondante et claire. C'était un des luxes des anciens: jamais une ville romaine n'a manqué d'eau. On n'en saurait malheureusement dire autant des villes modernes, pas même de Paris.

Les rues, égayées par les fontaines, l'étaient aussi par les affiches dont les murs étaient couverts. De place en place, des panneaux portant le nom d'*album*, recevaient les réclames des commerçants, les annonces des théâtres, les plaisanteries des passants, les supplications des protégés aux protecteurs, et cela en toutes les langues du pays : latin, grec, osque, patois. Quelquefois ce sont des candidatures proposées ou proclamées, et tantôt le nom du candidat est accompagné d'éloges, tantôt d'épigrammes. C'est ainsi qu'on peut encore lire sur un mur : *Sabinum ædilem, Procule, fac et ille te faciet* (Proculus, nomme Sabinus édile, et il te nommera !). D'autres fois, l'album porte des recommandations pour la propreté des rues. Dans ce dernier but, les Pompéiens peignaient un serpent à l'endroit qu'ils voulaient protéger contre les passants; on comprenait. Les Napolitains ont longtemps conservé cet usage, mais en remplaçant le serpent par une croix.

La façade des maisons à Pompéi, et il devait en être de même dans toutes les villes romaines, est tournée intérieurement. A peine quelques jours de souffrance l'éclairent-ils du côté de la rue. Pourtant, les rares étages demeurés debout portent quelquefois un balcon couvert, percé de fenêtres : cet usage était sans doute général, il s'est perpétué en Italie et en Espagne. De là les Pompéiennes pouvaient regarder les passants, le mouvement de va-et-vient de la foule, sans craindre d'être vues et de passer pour des curieuses ou des désœuvrées.

Les rues auraient été sombres sans les nombreuses boutiques, peintes de couleurs vives, petites, mais luxueuses, qui s'ouvraient pleines de marchandises. Les étalages avaient plus d'importance que la boutique elle-même : un grand comptoir extérieur recevait les objets à vendre, qui attiraient ainsi même l'œil du passant distrait.

Voici la boutique d'un barbier : on y a retrouvé, outre les instruments de son métier (retranchons-en les ciseaux que les anciens ne connaissaient pas), des onguents, des essences, des pâtes de savon.

Quelques pas plus loin, voici un embaumeur ou *onguentaire*. Une triple enseigne, peinte sur la boutique, indique son métier : l'une d'elles représente un corps embaumé ; c'est un peu lugubre.

Voici le chimiste avec ses chaudières et ses fourneaux. On pourrait prendre cet office pour celui d'un distillateur, si l'on ne savait que les anciens ignoraient l'art de faire de l'eau-de-vie. Ils ne s'en enivraient pas moins. Ils avaient des cafés, appelés thermopoles. On y vendait du vin frais, du vin cuit, du vin desséché, du vin en tablettes comme le chocolat ; je ne plaisante pas. On en délayait un morceau avec un peu d'eau, et cela faisait, paraît-il, une boisson exquise. Les anciens avaient, en fait de boisson, un autre goût singulier : leur régal était de boire de l'eau chaude diversement parfumée. Le mot thermopole signifie, du reste, débit d'eau chaude. L'eau chaude était une passion comme l'absinthe (moins dangereuse), et un Père de l'Église déclara un jour qu'il ne pourrait répondre de la moralité et de l'honnêteté des buveurs d'eau chaude. Virgile, dans sa jeunesse, était un buveur d'eau chaude, ce qui ne l'a pas empêché de faire de beaux vers. Autre détail : beaucoup des boissons qu'on a retrouvées contenaient du vinaigre, cela explique qu'elles aient, à la longue, attaqué le marbre, comme on l'a remarqué dans une taverne, appelée taverne de Fortunata.

Dans le cabinet d'un médecin se trouvaient quantité d'instruments de chirurgie, tels que lancettes, spatules, aiguilles, bistouris, qui montrent que les chirurgiens modernes en ont inventé moins qu'on ne le croit.

La boutique d'un marchand de couleurs était encore pleine de produits qui ne laissèrent aucun doute sur son état. Plus loin était un sculpteur, chez lequel on a trouvé des statues de marbre ébauchées prouvant qu'il était fort occupé lors de la catastrophe.

Les boulangeries pompéiennes étaient, en même temps, des moulins. Les meules, mises en mouvement par l'âne généralement, l'étaient quelquefois par l'esclave. Deux poètes comiques latins, nés dans l'esclavage, Plaute et Térence, furent, dit-on, condamnés quelquefois par leurs maîtres au supplice de la meule.

Les anciens ne connaissaient pas les moulins à vent ; les moulins à eau manquaient, faute d'eau, à Pompéi, bâtie sur une petite élévation. Non seulement on a retrouvé les moulins et les

fours, mais dans les fours, des pains. « Ré-
cemment, M. Fiorelli rencontra un four si her-
métiquement fermé qu'il n'y était pas entré un
grain de cendre ; en revanche, quatre-vingt-un
pains entiers, durs et noirs, s'y trouvaient rangés
dans l'ordre où ils avaient été placés, le 23
novembre 79. Ils pèsent pour la plupart une livre
environ ; ils sont ronds, déprimés au centre,
relevés au bord et partagés en huit lobes ; on en
pétrit encore en Sicile d'exactement pareils (1) ».

Après avoir parcouru quelques boutiques, di-
rigeons-nous vers le forum triangulaire : c'est là
que, tous les neuf jours, se tenait le marché de
Pompéi. Dans l'intervalle, cette place servait de
promenoir aux spectateurs du Grand Théâtre,
auquel elle est contiguë. Sur deux de ses côtés
elle est bordée par des portiques, sous lesquels
s'étendent de longues galeries. C'est là que
s'étalaient les comestibles de toute sorte, viandes
poissons, fruits, légumes. C'est là que se vendaient
aussi les fleurs que les Pompéiennes aimaient
par-dessus tout et dont il se faisait dans tout le
pays un grand commerce. Les maisons, à Pompéi,
étaient fleuries du haut en bas. On ornait les
temples de guirlandes sans cesse renouvelées. Il
n'y avait point de fête sans fleurs. On en vendait
au marché, on en vendait à toute heure dans les
rues. Aussi les bouquetières de ce temps-là
étaient-elles fort habiles, et l'on rapporte que la
belle Glycère, de Sicyone, savait marier si artis-

(1) Marc Monnier, *ouvr. cité.*

tement les couleurs de ses bouquets qu'elle en faisait de véritables tableaux.

En sortant du marché, leurs affaires terminées, les paysans et les propriétaires des environs retournaient aux auberges où ils étaient descendus. L'une, la plus grande et la mieux aménagée de toutes, était située aux portes de la ville, dans le faubourg Augustus Félix, comme pour se soustraire à l'octroi. On y a retrouvé les écuries, une fontaine avec un abreuvoir, les restes d'un char avec le squelette d'un mulet : la malheureuse bête avait encore le mors de bronze entre les dents. Dans la cuisine, des poêles et des casseroles étaient restées sur les fourneaux, abandonnées par le cuisinier qui fut surpris peut-être au milieu des préparatifs d'un festin. On peut le supposer, car les clients de cette auberge ne devaient pas être les premiers venus.

Tout autre était l'auberge tenue par Agathus Vaius. Une inscription, peinte sur les murs, à l'entrée, nous apprend qu'elle était fréquentée par les muletiers.

Près du forum triangulaire se trouve un édifice appelé le « quartier des soldats », et qui semble avoir été en même temps une prison, peut-être une prison militaire, car les véritables prisons de Pompéi étaient près du temple de Jupiter, le long du forum. Dans les prisons du forum, comme dans celle du quartier des soldats, on a retrouvé plusieurs squelettes ayant aux jambes des entraves de fer. Mais ce qui a fait supposer que ce qu'on appelle le quartier des soldats était bien une caserne, c'est la trouvaille qu'on y fit d'une quantité d'armes, d'armures, de galons tissus d'or, et la découverte, dans une chambre de l'étage supérieur, de soixante-trois squelettes. Il semble que ce dernier fait ne puisse être expliqué que par la rigueur de la discipline militaire.

Au reste, Pompéi était fortifiée. Des murs l'entouraient, et l'on a retrouvé jusqu'ici une dizaine des portes qui permettaient l'entrée et la sortie de la ville. Ces fortifications sont assez ravagées, mais assez intactes encore pour montrer qu'elles ressemblaient à toutes les fortifications romaines. Quant aux portes, celles qui restent debout dans l'intérieur de Paris peuvent en donner une idée exacte : le style en est le même et, lorsqu'on regarde le dessin de la porte d'Herculanum restaurée, on se demanderait, sans le groupe qui la surmonte, si ce n'est pas la porte Saint-Denis.

Au delà des portes étaient les cimetières. Un Pompéien vient de mourir, c'est un riche personnage ; assistons à la cérémonie et à tous ses préparatifs.

Le corps étant soigneusement lavé, oint, embaumé, on l'enveloppe d'un drap de lin, puis on l'étend sur un lit de parade. Devant le lit s'élève un petit autel où brûlent des parfums. Tout autour sont des cierges allumés. Selon le rang et la fortune du défunt, on le gardait ainsi jusqu'à sept jours entiers, pendant lesquels les esclaves et les femmes spécialement requises pour pleurer et se lamenter dans la chambre mortuaire ne le quittaient pas un instant. Ces femmes, c'étaient des *pleureuses*.

Le huitième jour, le crieur des trépassés parcourait la ville en annonçant l'heure et la marche du convoi ; puis, les parents, les amis, les invités étant réunis, on se mettait en marche. En tête s'avancent les joueurs de flûte, les mimes, les tambourins, les trompettes et les pleureuses qui chantent des complaintes et des vers à la louange du mort en se frappant la poitrine et en s'arrachant les cheveux. Derrière cette première partie, assez grotesque, du cortège vient le brancard d'ivoire qui supporte le corps enveloppé, paré de draps blancs et de voiles de pourpre, la tête relevée et découverte, entourée d'une couronne. Puis les lits vides (singulier usage : Sylla le dictateur en eut six mille à ses funérailles) ; puis les images en cire des ancêtres portées par des esclaves, puis les parents, les amis, la foule grossie de tous les oisifs et de tous les curieux. Fermant le cortège, des danseurs suivent en gambadant.

On s'arrête ; c'est l'*ustrinum*, la salle où l'on brûle les cadavres. Le brancard est posé sur le bûcher, formé de bois de sapin, de sarments, d'essences faciles à consumer. On répand alors sur le bûcher des huiles de prix et des parfums, on y ajoute les vêtements du défunt, les trompettes sonnent, on y met le feu.

Alors commencent les sacrifices, puis les combats de gladiateurs, car le rite veut qu'il y ait du sang humain répandu devant le bûcher en flammes. L'incinération terminée, on recueille les cendres et on les met dans une urne en les humectant, à leur tour, d'huiles et d'essences précieuses.

La maison de Pansa.

L'urne placée dans l'intérieur du tombeau. on se séparait. Le neuvième jour. la famille revenait banqueter près de la tombe et. le repas fini, elle criait par trois fois adieu : *vale, vale, vale!* en ajoutant : « Que la terre te soit légère! »

Voilà quelles étaient les cérémonies des funérailles chez les anciens. Ajoutons que les personnes riches ou du moins aisées étaient les seules à être brûlées après leur mort ; cette cérémonie coûtant assez cher. les gens du peuple se faisaient tout simplement mettre en terre. Les premiers adeptes du Christianisme étaient. pour la plupart, des pauvres et des esclaves : selon la coutume du peuple, on les enterrait modestement, et l'usage est ainsi devenu. jusqu'à nos jours, la règle, parmi les nations chrétiennes, pour les riches comme pour les pauvres.

Le cimetière de Pompéi a été retrouvé. Il est situé, comme dans toute cité romaine, aux portes de la ville, le long de la route qui conduisait à Herculanum. On a nommé, non sans raison, cette route « l'avenue des Tombeaux » ; elle est en effet, dans toute la longueur déblayée jusqu'ici, bordée de monuments funéraires. Les anciens plaçaient les sépultures à l'entrée des villes, le long des voies publiques, pour honorer la mémoire des morts et proposer aux vivants l'exemple des vertus des ancêtres. Cet usage était, comme on le voit, fidèlement observé à Pompéi.

IV

Les maisons, à Rome, d'abord très petites et très modestes au temps de la république, ne tardèrent pas, avec l'envahissement du luxe, à prendre des proportions considérables : elles s'agrandirent au point de pouvoir loger quatre cents esclaves. Plus d'une avait ces dimensions royales.

A Pompéi, il ne faut point chercher de semblables palais. Ville de province, éloignée de la capitale de l'empire, habitée par des commerçants, des petits propriétaires, des marins, des artisans, elle n'offre rien qui puisse rappeler la vie grandiose de la ville des Césars. Avec ses quinze mille habitants, Pompéi serait à peine aujourd'hui un chef-lieu de département ou de province dans le nouveau royaume italien.

Cependant, étant donné l'uniformité des mœurs antiques, ses maisons présentent un intérêt immense. C'est là, et là seulement, que l'on peut surprendre la vie intime des Romains, vérifier ce que leurs livres nous en ont appris et compléter une connaissance insuffisante des choses par les observations faites sur le vif.

Les maisons de Pompéi n'ont que deux étages. On en cite une qui en a trois, la seule de ce genre qu'on ait jusqu'ici retrouvée. Bâties presque toutes sur le même plan, elles sont remarquables par la petitesse des pièces, ainsi que par les décorations artistiques dont elles sont ornées. Assez peu confortables, dans le sens moderne du mot, les habitations pompéiennes prouvent bien que les anciens vivaient assez peu chez eux. La vie romaine était tout extérieure et se passait en grande partie au forum, à la basilique, au gymnase, aux thermes.

Chose assez curieuse, on n'a retrouvé jusqu'ici que des maisons riches ou, du moins, devant appartenir à des citoyens aisés. Il est probable que les fouilles nous feront connaître, un jour ou l'autre, le quartier pauvre de Pompéi. Une partie de la ville devait être spécialement affectée a la classe inférieure. Déjà, du côté de la porte de Nola, on a mis au jour des petites boutiques et des maisonnettes qui semblent indiquer que c'est dans cette partie de Pompéi, encore à moitié ensevelie, que l'on trouvera le quartier pauvre.

Au lieu de numéros sur les maisons, une inscription en lettres rouges indiquait le nom du propriétaire. D'autres inscriptions remplaçaient nos écriteaux de location,

Nous pourrions décrire successivement plusieurs des plus belles maisons de Pompéi, la villa de Diomède, située près de la porte d'Herculanum, la maison du poète tragique, la maison de Pansa et bien d'autres; mais, pour éviter la monotonie des redites, nous ne parlerons que d'une seule, prise au hasard : ce sera, du reste, à quelques détails près, les décrire toutes.

Une porte à deux battants s'ouvre sur la rue ; nous pénétrons par une allée étroite dans l'*atrium*, cour ou salle couverte d'un toit au milieu duquel une large ouverture carrée laisse passer l'air et la lumière. Disons ici que toutes les portes des maisons pompéiennes ont été brûlées, mais on peut se les figurer, d'après les peintures, assez semblables aux nôtres, en chêne, fermant inté-rieurement par un verrou. Dans l'allée, voici la loge du portier, ou la loge du chien qui le rem-place quelquefois. Chien ou portier, également esclaves, du reste, étaient enchaînés dans leur niche. Tout autour de l'atrium se trouvent les chambres à coucher, *cubicula*, étroites cabines où il n'y avait guère de place que pour le lit et deux pièces plus grandes où l'on recevait les visi-teurs, amis ou clients. Au fond, en face de l'en-trée, s'ouvre le *tablinum*, salle d'apparat où l'on conserve les archives de la famille et les images des ancêtres que nous avons vues aux funérailles. A gauche du tablinum, la bibliothèque où les manuscrits, étroites bandes de parchemin ou de papyrus, roulées sur elles-mêmes, étaient rangés tout autour; les plus précieux s'enfermaient dans un étui. On a trouvé quelques volumes (1) à Pompéi. A Herculanum, on en a rencontré près de trois mille. Du tablinum, on passait par un se-

(1) L'origine du mot « volume » est le latin *volumen*, qui vient lui-même du verbe *volvere*, rouler.

cond couloir au *péristyle*, véritable cour au milieu de laquelle était creusé un bassin avec un jet d'eau, quelquefois remplacé par un parterre. Le péristyle, entouré de colonnes reliées entre elles par des balustrades sur lesquelles on posait des vases de fleurs, était le centre de la vie intime et l'endroit le plus gai. A gauche, se trouvaient les chambres à coucher des personnes de la maison (celles qui s'ouvrent sur l'atrium étant réservées aux hôtes) et la cuisine, au fond ; à droite, la salle à manger, *triclinium*, et un petit salon.

Enfin, au delà du péristyle, le *xyste* ou jardin, le long duquel règne une galerie couverte, abri contre le soleil ou la pluie.

Voilà, rapidement parcourue, une maison antique. L'étage était réservé aux esclaves et, dit-on, aux femmes, ce qui était peu aimable et bien dédaigneux. Le principal repas des anciens était le souper qui commençait entre trois et quatre heures et se prolongeait fort tard dans la soirée. Autour de la table, trois lits recevaient les convives, car les Romains mangeaient couchés, ou plutôt à demi étendus sur des coussins. De nombreux esclaves circulaient attentifs, remplissant les coupes, changeant les services. Je pourrais transcrire le menu d'un souper, mais il faudrait une page : il ne se compose pas de moins de vingt-huit plats différents. Quelques-uns sont étranges et rappellent les fantastiques menus chinois ; ce sont des oursins de mer, des tulipes de mer, noires et blanches, des orties de mer, des murex, des spondyles, des cols de canards. Mais il faut citer aussi des mets plus appétissants : mauviettes, poulardes aux asperges, côtelettes de chevreuil, poulets de Phrygie. Quelques riches prodigues, Lucullus, par exemple, servaient à leurs convives les friandises les plus bizarres et les plus coûteuses : des salmis de langues d'oiseaux, des barbeaux pêchés dans l'Océan occidental, des murènes gigantesques nourries et engraissées de chair humaine. On précipitait dans les viviers où on les conservait des esclaves vivants dont les poissons voraces faisaient leur pâture. L'esclave appartenait à son maître comme un chien, et ce n'est pas là le plus beau côté de la civilisation antique. Il paraît que les murènes, nourries de cette façon barbare, acquéraient des qualités très appréciées : nos gourmands d'aujourd'hui sont moins cruels.

Outre les lits de la salle à manger, les anciens connaissaient à peu près les sièges de toute forme dont nous nous servons : le tabouret, le pliant, la chaise, le fauteuil, *cathedra*. La monture en était généralement en bronze. Ils avaient des tables carrées ou oblongues, portées sur quatre ou six pieds. D'autres affectaient la forme de guéridons à trois pieds ; d'autres, destinées à s'appuyer contre un mur, celle de nos consoles. Les lits pour dormir différaient un peu des nôtres. Très bas, ils ressemblaient à un large sofa qui serait entouré de dossiers sur trois côtés. Généralement ils sont en bronze ; d'autres fois, ce sont de petites constructions de maçonnerie, élevées près d'un mur. La cheminée, excepté pour les fours de boulanger, était inconnue. Dans l'atrium s'élevait le foyer autour duquel on s'assemblait; on y brûlait du bois, et la fumée s'échappait comme elle pouvait par le *compluvium*, l'ouverture carrée ménagée au milieu du toit. Le foyer était un endroit sacré, placé sous la protection des dieux lares ou dieux domestiques, près de l'autel desquels il était construit. Dans les autres pièces on se chauffait au moyen de réchauds à charbon, assez semblables aux braseros où les Italiens et les Espagnols brûlent des noyaux d'olives.

L'éclairage antique était fort primitif : dans une lampe de terre ou de bronze brûlait une mèche imbibée d'huile. Il y avait aussi les chandelles de poix, de cire ou de suif, avec une moelle de jonc pour mèche; mais, à l'époque où nous sommes, ce procédé n'était plus en usage que parmi la basse classe.

Si le mode d'éclairage était unique on ne pourrait imaginer un plus grand nombre de formes variées pour les lampes. Toutes sont élégantes, quelques-unes sont de véritables objets d'art. J'ai encore vu à la campagne, en Normandie, les paysans faire usage de la lampe antique sous sa forme la plus simple : un vase de fer ressemblant à un petit saucier, suspendu au plafond par un fil de fer, et dans lequel une mèche de moelle d'osier ou de coton, baignée d'huile, brûle en pétillant avec une flamme rougeâtre et enfumée.

Nous avons dit que les anciens vivaient en général fort peu chez eux. Un riche Pompéien, levé de bonne heure, s'il est de la vraie race romaine,

reçoit d'abord ses amis ou plutôt ses clients, ses
protégés. Les uns viennent seulement le saluer,
d'autres lui demander quelques services; les plus
pauvres ont apporté avec eux un petit panier
qu'ils remporteront plein de provisions. Les visi-
teurs congédiés, il fait ses dévotions aux dieux
lares et au dieu particulier sous la protection duquel il a mis sa maison. Ce devoir accompli, il
sort et se dirige vers le forum, entre à la Bourse,
à la Basilique, prend part à la discussion des
affaires de la cité, soigne ses propres intérêts, les
candidatures de ses amis ou la sienne, s'il a de
l'ambition. Du forum il se rend aux thermes, prend
un bain, cause avec les amis qu'il y rencontre,
fait une partie de paume, puis rentre chez lui,
après être sans doute entré au thermopole à la
mode prendre une boisson réconfortante ou apé-
ritive, car il est bientôt quatre heures : c'est
l'heure du repas principal.

La Pompéienne n'a point tant d'occupations.
Une seule chose lui suffit pour remplir la journée, sa toilette. Les esclaves se sont empressées
autour d'elle à son réveil. Chacune a un office
particulier. La *cosmète* a soin du visage : c'est
elle qui étend délicatement sur la peau le fard
et le blanc de céruse, qui peint les cils et les
sourcils. L'*ornatrix*, c'est la coiffeuse. Coiffer
une Romaine c'est toute une affaire. D'abord,
presque toutes, noires ou brunes, elles se
faisaient teindre les cheveux en blond, puis
il fallait élever la coiffure. véritable monument de cheveux, maintenu à l'aide d'énormes

épingles de sept ou huit pouces de longueur.

C'est le tour des habilleuses. Vêtue de la tunique courte ou de la *stola* traînante, chaussée de bottines blanches ou de sandales qui laissent les pieds à demi nus, la Pompéienne choisit les bijoux qu'elle portera : serpents recourbés en bagues et en bracelets, pendants d'oreille représentant des grappes de perles, des balances, épingles et agrafes ciselées, colliers à plusieurs rangs retombant jusque sur la poitrine. Les doigts sont chargés de bagues, elle a des bracelets aux poignets, aux bras, aux jambes et aux chevilles. Les Pompéiennes étaient très élégantes ; mais, en leur qualité de provinciales, elles portaient peut-être plus de bijoux que le bon goût d'une Romaine n'en eût toléré.

Après le repas, s'il a été court, les Pompéiens pouvaient aller au théâtre qui ouvrait entre cinq et six heures. Ils avaient le choix entre l'amphithéâtre (à moins qu'il ne fût fermé par ordre du Sénat), le Grand-Théâtre, où l'on représentait les tragédies, et l'Odéon, dont les concerts, les mimes, les atellanes ou farces grotesques, les comédies formaient le répertoire varié.

V

Les Thermes. — Les Pompéiens au bain. — La Palestre.
Les journaux.

Quelques maisons de Pompéi possèdent des
bains. C'était un luxe vulgaire, chez les anciens,
d'avoir chez soi une salle de bains, du moins à
Rome. De plus, toute villa en avait, mais, dans
les villes, la commodité des bains publics faisait négliger l'établissement de bains privés. Il
n'était en Italie, à cette époque, si mince bour-
gade qui n'eût ses thermes. Pline le Jeune cite
dans une de ses lettres, comme un des agréments
de sa villa de Laurente, que, dans ce petit village,
on trouvait jusqu'à deux bains publics : ce qui
est fort commode, ajoute Pline, lorsqu'on n'a pas
le temps de se faire préparer un bain chez soi, ou
lorsqu'il vous survient à l'improviste un visiteur.
L'usage des bains était donc universel chez les
Romains, bien supérieurs en cela à notre civilisation. Il y a des petites villes, en France, où il
n'y a pas un établissement de bains ; dans les
campagnes, l'idée de se plonger dans l'eau fait
frémir les paysans. S'il faut en croire un livre
récent, l'usage des bains fréquents, importé en
Gaule par les Romains, se perpétua longtemps en
France : à la fin du treizième siècle et pendant les

années de prospérité qui précédèrent la guerre de Cent ans, les paysans eux-mêmes avaient repris cet usage que la misère leur fit peu à peu négliger, puis abandonner.

Chez les musulmans, les ablutions répétées plusieurs fois par jour sont un précepte religieux, mais accompli sommairement : pour le peuple, il est resté à l'état de théorie.

L'habitude des Romains, hommes et femmes, d'aller le col, les bras et les jambes nus n'aurait point souffert, du reste, chez les gens de bonne compagnie, la moindre tache à une propreté méticuleuse, et il fallait bien se baigner plusieurs fois par jour pour être présentable.

Les thermes de Pompéi, sans avoir les proportions de ceux qu'on a retrouvés à Rome, sont assez vastes. Ils sont situés dans le quartier central, près du forum. Divisés en deux parties, l'une plus grande pour les hommes, l'autre pour les femmes, ils s'ouvraient sur trois rues, mais ces entrées, par le moyen de corridors, aboutissaient toutes à un atrium autour duquel étaient des sièges pour les baigneurs et les esclaves qui accompagnaient leurs maîtres. De l'atrium un couloir menait au vestiaire, garni de trois rangées de bancs et présentant dans le mur des cavités pour les porte-manteaux. Dans cette salle se tenaient les *capsarii*, qui gardaient les effets précieux des baigneurs moyennant une faible rétribution. Cette précaution était bonne ; mais, malgré la vigilance des capsarii les vols étaient très fréquents dans le vestiaire. Le plus commun était l'échange de vieux habits contre des habits neufs et propres. Les auteurs anciens sont remplis de plaintes à ce sujet. La chose en vint à un tel point qu'on ne se rendait plus aux thermes qu'avec la crainte d'être volé. Aussi le sénat finit-il par s'en mêler : il prononça la peine de mort contre les voleurs de vêtements, pour protéger l'habitude favorite de la population.

Du vestiaire on passait dans une petite salle ronde, le *frigidarium*, ou bain froid, à moins qu'on ne voulût se rendre directement dans la chambre chaude, le *tepidarium*, dont la température douce servait d'intermédiaire entre les bains de vapeur et les bains froids. Tout autour de cette salle étaient ménagées des niches où l'on mettait, sans doute, le linge de bain, les huiles, les onguents, les parfums. Elle était éclairée par le haut. Une fenêtre vitrée, à châssis de bronze, permettait de rafraîchir à volonté la température de la pièce. Au milieu était un grand brasier en bronze, avec trois bancs également en bronze.

Du tepidarium une porte conduisait au bain chaud, *caldarium*. Un bassin en marbre était à l'une de ses extrémités, à l'autre, un vase destiné à l'eau bouillante, d'où s'échappait la vapeur. Les murs étaient creux et communiquaient avec les fourneaux.

L'autre partie des bains, séparée et plus petite, destinée aux femmes, répète à peu près les mêmes dispositions. Les réservoirs d'eau et le feu étaient communs. Il faut ajouter que les bains publics de Pompéi. malgré la beauté de leur dé-

coration, manquaient de plusieurs autres pièces
que le développement du luxe avait introduites
à Rome. A côté des thermes, pourtant, on trouve
une salle, gymnase ou jeu de paume, qu'on
nomme la *Palestre* et qui faisait partie intégrante
de l'établissement.

Le bain était pris avec tous les raffinements
qu'il comportait chez les anciens et dont les
Turcs semblent avoir gardé la tradition. Le
Romain ou le Pompéien, nu comme une statue
antique se faisait oindre d'huile, puis allait
jouer à la paume s'il était jeune ou ami de l'exer-
cice. Il revenait, s'arrêtait un instant dans le tepidarium, entrait dans l'étuve ou caldarium et,
en sortant de cette pièce surchauffée, il se
plongeait, suivant son courage, dans la citerne
d'eau tiède ou dans la citerne glacée du frigidarium. Alors il devient la proie des esclaves qui
lui raclent la peau avec le *strigile*, le massent et
le pétrissent, l'inondent d'huiles et d'essences, le
graissent d'onguents parfumés.

Il n'a plus qu'à revenir par le vestiaire, re-
prendre ses vêtements, s'il les retrouve, et à aller
passer quelques instants à la Palestre, où nous
le reverrons.

Les gens du peuple se baignaient au moins une
fois par jour, les élégants jusqu'à sept fois. On se
baignait même après souper malgré les prescrip-
tions de l'hygiène; mais cela devint la mode (la
mode était tyrannique, en ce temps-là comme
aujourd'hui). Juvénal affirme qu'on en mourait
bien quelquefois. L'exemple ne servait de rien.

Les Romains étaient décidément héroïques jusque dans l'absurdité. Au reste, les anciens avaient un dédain complet de la vie : ils n'étaient certes pas gens, surtout à l'époque impériale, à se priver d'un plaisir, dût-il être mortel. Le spectacle de ces bains publics où, l'habit dépouillé, pauvres et riches étaient égaux, devait être bien curieux si nous en croyons le tableau suivant : « Rien de plus bruyant qu'un bain. Figure-toi toute espèce de cris, de clameurs ou de bruits qui peuvent importuner, fatiguer, déchirer les oreilles. Là, ce sont les gémissements, naturels ou imités, de ceux qui se livrent aux exercices violents : leurs sifflements et leurs soupirs profonds, quand ils laissent échapper leur haleine longtemps retenue; les exclamations des joueurs de paume comptant leurs balles; plus loin, les baigneurs qui s'amusent à courir autour de la cuve, en se tenant par les mains, en se les chatouillant de manière à provoquer les éclats de rire les plus perçants ; d'autres qui lisent à haute voix ou déclament des vers; d'autres, chanteurs impitoyables, ne trouvant leur voix belle que dans le bain, qui se mettent à chanter jusqu'à faire trembler les voûtes de l'édifice. Des *alipiles* (épileurs), pour se faire mieux remarquer, venant aussi se joindre à ce discordant concert, crient d'une voix grêle et glapissante et ne se taisent pas qu'ils n'aient trouvé des aisselles à épiler, des patients à faire crier à leur place. Ajoutez à ce vacarme qui serait insupportable, n'eût-il que l'inconvénient d'être renfermé, le bruit des frictions plébéiennes, que

l'on entend résonner suivant que la main du fric-
tionneur frappe du creux ou du plat; les filous
pris à voler les habits ; les ivrognes, les marchands
de comestibles ou de boissons. car beaucoup de
personnes boivent et prennent quelques aliments
légers en sortant de l'eau ; les marchands de gâ-
teaux. les vendeurs de boudins, les confiseurs,
qui tous ont leur modulation particulière pour
crier leur marchandise ; figure-toi tout cela, dis-je,
et tu auras une légère idée de l'intérieur d'un
bain public. La seule loi de décence qu'on y
observe. c'est que jamais un père et un fils ne se
baignent l'un devant l'autre, ni même un beau-
père devant son gendre (1) ». Ces habitudes, qui
étaient celles de Rome, devaient être les mêmes à
Pompéi. C'est un peu tapageur. et je n'hésite pas
à préférer aux thermes nos bains silencieux et
modestes, que l'on pourrait appeler. par opposition à la promiscuité antique, des bains cellu-
laires.

Nous avons dit un mot de la Palestre. Notre
Pompéien y est entré avant de quitter les thermes ; il y a trouvé nombreuse compagnie. C'était
une sorte de salon public et de cabinet de lecture,
en même temps qu'un gymnase, où les Pompéiens venaient se renseigner sur le spectacle
et les nouvelles du jour. « Ils lisaient les ga-
zettes de Rome. Ceci n'est point un anachro-
nisme, les papiers publics étaient connus des
anciens. on les nommait les *Actes diurnes* du peuple

____

(1) Dezobry : *Rome au siècle d'Auguste.*

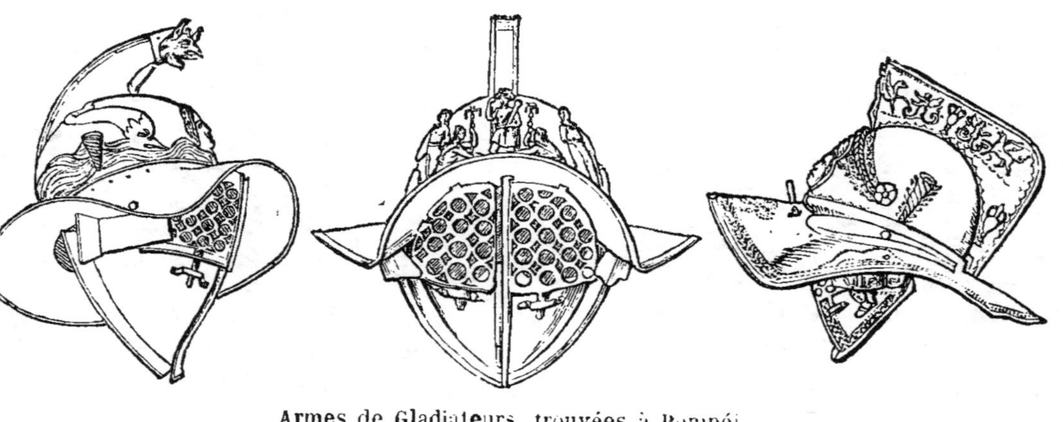

Armes de Gladiateurs, trouvées à Pompéi.

romain ; diurnes ou journaux sont deux mots de la même famille. Ces feuilles antiques valaient les nôtres ; on y parlait d'acteurs sifflés, de cérémonies funèbres, d'une pluie de lait et de sang tombée sous le consulat de M. Ancilius et de C. Partius. On y lisait des faits divers comme celui-ci, qui se passa vingt-huit ans après Jésus-Christ, et qui dut donc parvenir aux Pompéiens réunis dans les thermes : « Lorsque Titus Labinus, pour avoir été l'ami de Germanicus, fut condamné avec ses esclaves, le chien d'un de ceux-ci ne put être écarté de la prison et il accompagna le corps aux gémonies (lieu des supplices), poussant des hurlements lamentables en présence de la foule. On lui avait jeté un morceau de pain, il le porta à la bouche de son maître, et quand le cadavre fut précipité dans le Tibre, le chien s'y élança lui-même, essayant de le soutenir sur l'eau, tandis qu'on venait admirer de toutes parts cet animal fidèle (1) ».

A côté des anecdotes, des racontars, des indiscrétions de toutes sortes, les *Actes diurnes* inséraient les annonces, les avis des magistrats, les lois importantes. Rédigée à Rome, cette gazette, officielle ou officieuse, était copiée à grand nombre et expédiée par tout l'empire romain.

(1) Mar• Monnier : *ouvr. cité.*

VI

Pompéi possédait deux théâtres ; l'un appelé le
théâtre tragique ou le Grand-Théâtre, l'autre, plus
petit, l'Odéon. Rien ne justifie le nom de tragique
donné au Grand-Théâtre ; cependant, comme il
semble, d'après les inscriptions, que l'Odéon était
réservé à la comédie, aux farces et autres diver-
tissements dramatiques, on peut supposer que les
tragédies étaient jouées sur l'autre scène.

La salle du Grand-Théâtre, comme à peu près
tous les théâtres anciens, était un hémicycle,
adroitement adossé contre une butte, à la mode
grecque ; cela évitait des frais de construction,
tout en assurant la solidité de l'édifice.

Les théâtres des Anciens ne ressemblaient que
par la forme générale aux nôtres : pour le reste,
entrées, sièges, scène, tout diffère. Ainsi l'on
entrait par en haut et l'on descendait à sa place, au
lieu que nous, nous y montons. Les sièges étaient
en pierre, revêtus de marbre aux places d'honneur et partagés selon leur hauteur par les escaliers, à peu près comme nos cirques. Le théâtre
des Anciens, du reste, c'est un cirque demi-circu-
laire.

Les places étaient de trois ordres; celles du bas, les plus près de la scène, étaient réservées aux magistrats et aux notables. Le compartiment du milieu appartenait aux patriciens; enfin, dans le haut étaient relégués le peuple, les esclaves et les femmes. Les anciens, on le voit, traitaient assez mal les femmes. A la maison, les appartements les moins agréables lui sont désignés; aux thermes, la partie qui leur est réservée est la plus petite et la moins luxueuse; au théâtre, on les confond avec la foule du peuple et des esclaves. Les anciens ne connaissaient aucun de ces sentiments chevaleresques qui sont nés au moyen-âge et qui ont contribué, pour une grande part, à adoucir nos mœurs et à donner à notre civilisation cette politesse et cette élégance qui fait une partie de son originalité.

Mais revenons aux théâtres. A la porte, on payait sa place et l'on recevait en échange un billet figuré par un petit morceau d'os, de terre cuite ou de bronze, appelé *tessera*, sur lequel était gravé un numéro et quelquefois le titre de la pièce que l'on allait jouer. On a retrouvé une de ces tessères avec le nom d'Eschyle et l'on en a conclu que les tragédies du poète grec avaient été jouées à Pompéi. Un autre de ces jetons annonçait la représentation d'une pièce de Plaute, la *Casina*.

A moins que le spectacle ne fût offert par quelque candidat qui tenait à se faire des amis (je m'imagine qu'aujourd'hui ce serait un cas de corruption électorale), ou, ce qui ne peut plus qu'être admiré. par un magistrat soigneux des plaisirs du peuple, il fallait payer sa place. On s'en tirait pour un as, soit à peu près huit centimes ; mettons deux sous et nous regretterons encore cet âge d'or des amateurs de théâtre. Une sorte d'huissier, le *designator*, recevait le billet dans la salle et, s'il le fallait, conduisait le spectateur à sa place.

Les théâtres étaient découverts, mais, en cas de pluie, ou pour protéger les têtes contre l'ardeur du soleil, on étendait au-dessus de la salle un immense voile, nommé le *velarium*. D'abord de simple toile, le velarium devint un accessoire des plus luxueux. César fit don au théâtre populaire de Rome d'un velarium de soie. Néron alla plus loin, il fit broder d'or un velarium de pourpre. A Pompéi, où le vent soufflait assez fort, le velarium était quelquefois emporté : du moins la plupart du temps était-il impossible de le déployer, mais il n'y avait pas là de quoi diminuer la passion du peuple pour les spectacles.

La scène, surélevée d'un mètre et demi environ, était beaucoup plus large, mais moins profonde que les nôtres. Les personnages des pièces antiques étaient d'ailleurs bien moins nombreux que dans nos comédies, nos drames et nos féeries modernes, et un espace moindre suffisait pour les faire évoluer. Les dessous de la scène étaient réservés aux machinistes, car les changements à vue, les brusques apparitions, tout ce qui constitue l'art scénique, étaient parfaitement connus des anciens. Cet art, que nous croyons avoir créé, n'est que renouvelé des Grecs : dans une pièce de Sophocle, par exemple. il y a un changement à vue : une scène. qui se passe dans le camp des Grecs. continue sur les bords de l'Hellespont.

Mais il faut dire que cet exemple est une exception. Dans les tragédies antiques la pièce se déroule la plupart du temps dans un palais ; aussi, au lieu de peindre ce décor sur des toiles ou des panneaux. on le bâtissait. Celui du Grand-Théâtre de Pompéi était en pierre et en marbre. Il représentait une muraille décorée. percée de trois portes ; entre les portes. des niches contenaient des statues. Ce décor à demeure n'empêchait point les décors mobiles. comme nous l'avons vu : on les glissait devant le mur du fond et de chaque côté de la scène.

Nous ne décrirons pas l'Odéon. Il est plus petit. puisqu'il ne pouvait guère contenir que quinze cents personnes. tandis qu'au grand théâtre il y avait place pour plus de cinq mille spectateurs ; mais les dispositions sont à peu près les mêmes dans les deux théâtres. Quelques détails sur les pièces qu'on y représentait seront plus intéressants.

On y jouait des comédies en langue latine, puis des farces nommées atellanes, de la ville d'Atella où elles prirent naissance, écrites d'abord en langue osque, puis dans un patois mêlé d'osque et de latin. Les atellanes étaient des comédies bouffonnes et satiriques où les gestes avaient un rôle plus important que les paroles. Quelques-uns des personnages de ces farces, types populaires revenant dans chaque pièce, sont arrivés jusqu'à nous sans perdre de leur originalité. Le Maccus des atellanes, le Pulcinella italien, notre Polichinelle, vient d'Atella, peut-être de Pompéi. Les grands et les petits enfants qui s'arrêtent devant Guignol ne se doutent guère de cela : il est vrai que le Polichinelle antique, Maccus, n'était ni laid ni bossu et qu'il avait de l'esprit. L'Odéon aimait à varier ses spectacles. On y voyait un peu de tout, des acrobates, des jongleurs, des ventriloques, des joueurs de flûte. On s'y amusait sans doute plus qu'au Grand-Théâtre tragique : l'Odéon devait faire fortune.

L'amphithéâtre est relégué à l'une des extrémités de la ville. C'est le monument le plus considérable de Pompéi, puisqu'il pouvait contenir de quinze à vingt mille spectateurs. Un immense cirque ovale en offre une idée.

C'est là que se voyaient les combats des gladiateurs, luttant soit entre eux, soit contre des bêtes féroces : jeux barbares qui sont restés dans les mœurs espagnoles, où ils sont devenus les combats de taureaux, et avec lesquels les luttes sanglantes des boxeurs anglais ne sont point sans analogie.

Ces spectacles prirent peu à peu une importance inouïe : on organisait de véritables chasses où les bêtes traquées étaient souvent de malheureux condamnés, très souvent des chrétiens. Les cirques, changés en lacs, offrirent aux spectateurs de véritables batailles navales. Trajan lança un jour, les uns contre les autres, dix mille gladia-

teurs : le massacre dura cent vingt-trois jours.
Quelle fête pour le peuple-roi !

Autant qu'on en peut juger par les inscriptions,
les gladiateurs de Pompéi étaient des Grecs et des
barbares. Somptueusement logés dans une superbe
caserne, ils étaient les enfants gâtés de la population. Ils menaient une vie joyeuse, sans souci du
lendemain, et, l'heure du spectacle venue, ils com-
battaient courageusement, mourant sans faiblesse,
s'ils étaient vaincus, sans pousser un cri, aux
applaudissements frénétiques d'une foule enivrée
par le sang. Mais cette ivresse pouvait devenir du
dégoût quand l'arène sablée ne buvait plus le
sang versé ; « quand l'odeur répugnante des en-
trailles répandues sur le sol montait dans l'amphithéâtre et menaçait d'incommoder les sensibles
spectacteurs ; alors, on calmait les nerfs du public
au moyen d'une aspersion d'eau de senteur. Une
affiche inscrite sur les murs de Pompéi nous fait
ainsi connaître le programme d'une des fêtes
données à l'amphithéâtre :

VENATIO · ATHLETÆ · SPARSIONES · VELA · ERUNT

c'est-à-dire : il y aura une chasse de bêtes
féroces, une lutte d'athlètes, une pluie d'eau de
senteur et un velarium (1) ».

Figurons-nous, maintenant, les vingt mille
spectateurs étagés autour de l'arène : il est venu
du monde de toutes les villes voisines, le peuple

(1) C. Chevalier, *ouvr. cité*.

frémit d'impatience, le signal est donné, entrons
et regardons.

Voici d'abord une chasse : une panthère, atta-
chée par une longue corde aux cornes d'un taureau libre, est lancée contre un jeune bestiaire
(gladiateur combattant les bêtes) qui tient à la main
deux javelots. Un homme, armé d'une longue
lance, excite le taureau. Si le taureau ne bouge
pas, il ne court aucun danger, mais je ne vou-
drais pas être à sa place,

Suit un combat plus sérieux entre un ours et
un homme qui l'excite en lui tendant un linge.
Un autre groupe nous montre un tigre et un lion
fuyant dans des directions opposées. Un homme,
sans arme et nu, poursuit le tigre, qui ne devait
pas être bien méchant. Mais voici une chasse plus
dramatique. Le bestiaire nu vient de percer de
part en part un loup qui se sauve, emportant la
lance plantée dans son corps, mais l'homme chan-
celle et un sanglier fond sur lui. En même temps
un cerf, renversé par un lacet, qui pend encore à
son bois, attend les chiens qui s'élancent. Ce n'est
pas tout, regardez ce groupe de vainqueurs : un
gladiateur a plongé sa lance dans la poitrine d'un
taureau, d'un coup si violent, que le fer sort par
la poitrine de l'animal; un autre vient d'abattre
et d'embrocher un ours ; un chien saute au cou
d'un sanglier fuyard et le mord, et dans cette
ménagerie féroce, peuplée de panthères et de lions,
courent piteusement deux lapins, qui devaient
amuser la foule.

J'arrive aux duels de gladiateurs. La trompette

a sonné; ils sont aux prises. L'un d'eux a du malheur, la pointe de son épée s'est courbée, il vient de jeter son bouclier : le sang coule de son bras qu'il tend au peuple en levant le pouce ; c'est le signe que font les vaincus pour demander grâce. Mais la grâce n'est point accordée par le peuple qui, en signe de refus, a retourné les pouces de ses vingt mille mains droites. L'homme doit mourir; le vainqueur marche sur lui pour l'égorger.

La mort, toujours la mort ! Dans les peintures, dans les bas-reliefs que je décris, dans les scènes qu'ils reproduisent, dans l'arène où ces combats devaient se livrer, je ne vois que des malheureux qu'on assassine. Tous devaient tomber tôt ou tard, fût-ce après la centième victoire, dans cette arène où un employé de théâtre venait les tâter avec un fer chaud, pour s'assurer s'ils étaient bien morts. Remuaient-ils encore, on les achevait; restaient-ils glacés, immobiles, un esclave les harponnait avec un croc et les traînait dans cette boue faite de sable et de sang jusqu'à la porte funèbre, *porta libitinensis*, d'où on les jetait dans le *spoliaire*, pour sauver au moins leurs armes et leurs vêtements ! — Tels étaient les jeux de l'amphithéâtre (1).

(1) Marc-Monnier, *ouvr. cité*, passim.

VII

Je ne puis passer sous silence Herculanum.
Ensevelie en même temps que Pompéi, retrouvée
vers la même époque, fouillée pendant de longues
années, cette ville, beaucoup plus artistique que
Pompéi, nous donnera quelques renseignements
complémentaires sur la vie provinciale dans l'ancienne Italie, comme on peut en juger par le
sommaire du chapitre. Ce ne seront pas les
moins curieux, car il est intéressant, lorsqu'on
écrit ou lorsqu'on lit, de savoir comment on écrivait et comment on lisait il y a dix-huit siècles.
Pompéi, ville de commerce et de plaisirs, ne nous
apprend rien là-dessus : c'est pour cela que je
dirai un mot d'Herculanum. Les fouilles d'Herculanum ont été abandonnées à partir de 1857. La
difficulté de creuser les couches de lave qui l'en-
veloppent, la présence, au-dessus de la ville morte,
de deux petites villes vivantes, Portici et Resina,
ont été la cause de cette décision. La partie même
d'Herculanum qui a été fouillée n'a pas été mise
à découvert; on n'y a pénétré qu'au moyen de
puits profonds et de galeries souterraines :

grave inconvénient lorsqu'il s'agit de déterrer des
objets précieux dont il faut surveiller l'extraction,
qu'il faut souvent soustraire à la brutalité des
terrassiers. Il est à souhaiter cependant qu'on
reprenne les travaux, malgré les obstacles qui les
rendent si difficiles, car ce qu'on y a trouvé
comme peintures, bronzes, marbres, mosaïques,
fait vivement regretter ce qui reste enfoui. C'est
d'Herculanum que vient ce buste d'Aristide que
l'on voit au musée de Naples et que le sculpteur
Canova considérait comme un des plus purs
chefs-d'œuvre de l'art antique.

Pourtant, la trouvaille qui fit le plus de sensa-
tion fut celle de trois mille papyrus grecs et latins
renfermés dans une petite bibliothèque de la maison d'Aristide. On prit d'abord ces rouleaux pour
des morceaux de charbon et l'on en détruisit un
certain nombre ; mais en regardant de plus près
on distingua des lettres, et dès lors on attacha
une grande importance à ces rouleaux calcinés
ou, selon l'opinion du chimiste Humphrey Davy,
simplement décomposés par le temps. Ce fut
une joie suivie d'une prompte déception, car
était-il possible de les dérouler ? Après quelques
tentatives infructueuses, le P. Antonio Piaggi,
savant plein d'un ardent amour pour les lettres
et mécanicien ingénieux, inventa une petite
machine, une sorte de métier à tisserand rappe-
lant, pour la forme, ceux dont se servent les
coiffeurs pour tresser les cheveux, qui lui permit
de dérouler lentement et avec des précautions
infinies ces papyrus aussi légers et aussi friables

qu'une feuille de papier dévorée et noircie par la flamme. A mesure qu'ils sont déroulés par fragments, on place ces manuscrits fragiles sur des bandes de toile. Alors on les copie s'ils en valent la peine. Une quinzaine ont été publiés : le plus intéressant est un traité sur *la Nature* du célèbre philosophe grec Épicure.

Dans la même pièce où l'on a trouvé les papyrus, il y avait une table *avec tout ce qu'il faut pour écrire*. C'était le cabinet d'un homme de lettres.

Le *papyrus* était du papier végétal fabriqué avec l'écorce du papyrus égyptien et même, selon quelques savants, avec cette pellicule qui se trouve entre le bois et l'écorce de certains arbres, comme le frêne et le tilleul. Ce papier était, comme le nôtre, de différents formats et de diverses qualités, depuis le papier impérial et le papier glacé, *charta dentata*, jusqu'au papier d'emballage. Les écoliers seront bien aises d'apprendre que les Romains connaissaient le papier buvard, *charta bibula;* il était même beaucoup plus soigné que le nôtre, car, en même temps qu'il buvait l'encre, il était transparent. Nous obtenons, il est vrai, le même résultat avec le papier de soie.

Au papyrus il faut ajouter le parchemin, *membrana*, d'un usage moins général. Souvent, lorsqu'il était couvert d'écriture, on le grattait et on écrivait à nouveau. Ces manuscrits, où l'on distingue une écriture à demi effacée sous l'écriture lisible, ont été appelés *palimpsestes*. Cette habitude, expliquée par le prix élevé du parchemin, semble remonter jusqu'à l'antiquité, bien que les palimpsestes actuellement existants ne soient pas antérieurs au ixe siècle. C'est ainsi que le célèbre traité de Cicéron, *De republica*, a été découvert et déchiffré par le cardinal Angelo Maï, sous un commentaire de saint Augustin sur les psaumes.

Pour écrire sur le papyrus ou le parchemin, on se servait de petits roseaux taillés comme nos plumes, fendus avec des canifs qui ne différaient guère des nôtres. Ce n'est que plus tard, au commencement du iie siècle, qu'on eut recours aux plumes d'oiseaux, particulièrement à la plume d'oie, que les plumes métalliques n'ont pas encore tout à fait détrônée. On employait encore, pour écrire les notes ou les mementos, des tablettes de bois, d'os ou d'ivoire, enduites de cire, sur lesquelles on traçait les caractères avec un poinçon : une lame plate terminait l'autre bout de l'instrument et servait à effacer l'écriture, en polissant la couche de cire.

Il y avait des livres et des auteurs qui les faisaient ; donc il y avait des libraires pour les vendre. Le commerce des livres datait déjà de plus d'un siècle, à l'époque de la destruction d'Herculanum et de Pompéi. A Herculanum, comme à Rome, les boutiques de libraires étaient très animées et leur étalage les faisait reconnaître, ainsi que les inscriptions sur le mur annonçant le livre nouveau, avec le nom de l'auteur en grosses lettres, si c'est un auteur en vogue : on voit que ce ne sont pas les éditeurs parisiens qui ont imaginé le *Vient de paraître*. Comme certaines librairies de Paris, ces boutiques étaient le rendez-vous des poètes, des littérateurs, des rhéteurs, des philosophes.

Dans l'arrière-boutique, au lieu et place de l'imprimerie, se tenaient les copistes, ou plutôt les écrivains, car ils ne copiaient pas : ils écrivaient sous la dictée un livre qui se trouvait ainsi tiré à un certain nombre d'exemplaires à la fois. Les feuillets, après avoir été collationnés, étaient livrés aux relieurs qui les collaient l'un au bout de l'autre en forme de *volumina*. Le parchemin était relié en tomes (1), comme nos livres, puis serré entre deux planchettes, usage qui se conserva jusqu'après le moyen âge. Les ouvrages en vogue rapportaient gros aux libraires ; les autres, après avoir encombré la boutique, passaient dans l'échoppe des *libellions*, les bouquinistes de l'antiquité.

Des livres aux statues et aux tableaux il n'y a qu'un pas. Nous dirons donc quelques mots sur ce sujet, en ne quittant les villes mortes que pour les musées de Naples, où le plus précieux a été recueilli. L'art n'était pas, chez les anciens comme chez nous, un monde à part, ouvert à quelques initiés seulement. Il n'était pas dans la vie antique, comme il l'est dans la nôtre, un hors-d'œuvre auquel goûtent seuls les privilégiés. Les anciens n'avaient point de musées : ils plaçaient les statues dans les temples, dans les palais, dans les maisons, aux coins des rues ; quant aux tableaux, ils les peignaient sur les murs. Dans les plus chétives

____

(1) Tome, en grec *tomos*, de *temnein*, diviser, par opposition au volume. — V. la note, page 36.

maisons pompéiennes, les murs sont peints à fresque et, si l'on considère que Pompéi était une petite ville de province, on conviendra que le sens artistique était singulièrement plus développé chez le peuple romain, non pas que chez le peuple, mais que chez la bourgeoisie et l'aristocratie françaises.

Si nous voulons contempler quelque objet d'art, quelque tableau, quelque statue qui nous élève un peu l'esprit au-dessus des vulgaires détails de la vie, bien peu d'entre nous peuvent le faire sans sortir de chez eux ; le Romain n'avait qu'à regarder autour de lui. Dans la maison d'un marchand de vin, à Pompéi, on a trouvé trois statuettes en bronze, un faune dansant, un Narcisse et un Silène qui sont de purs chefs-d'œuvre. Ces bronzes, dit M. Marc-Monnier, nous rendraient païens, si la religion n'était qu'une affaire d'art.

La même maison était pavée de mosaïques représentant des natures mortes : un lion, un chat dévorant une caille, des colombes, des coquillages, des poissons, véritables merveilles de finesse et d'exactitude. Une autre plus grande représente la fameuse bataille d'Arbelles : on la considère comme un des plus précieux monuments de l'art antique, et elle décorait la maison d'un marchand de vin ! Les plus belles tables des palais de Naples ont été coupées dans les planchers de Pompéi.

Plusieurs fresques sont également remarquables et le paraîtraient davantage encore si elles étaient en meilleur état. Quelques-unes pourtant,

Statue de Diane, trouvée à Pompéi (Musée de Naples)

lorsqu'on les a découvertes, étaient vives et fraîches comme si l'artiste eût à peine fini d'y mettre la dernière main : peintures mythologiques, peintures d'histoire ou de fantaisie, tout est traité avec un goût supérieur : c'est la vie prise sur le fait avec la grâce et le laisser-aller des mouvements inconscients.

Le moindre objet d'usage vulgaire, les ustensiles de cuisine, avaient un cachet artistique : c'est un candélabre précieusement sculpté ; une casserole dont le manche est attaché par deux têtes d'oiseaux ; des lampes de terre et de bronze dont la plus grossière ne déparerait pas une table de salon ; des marmites autour desquelles court une guirlande élégante ; des vases de terre aux oreilles finement modelées. Il n'est pas jusqu'aux simples cuillers à ragoût qui n'aient une forme et des ornements pittoresques.

Comme nous l'avons dit, c'est au musée de Naples que l'on admire les productions de l'art trouvées à Herculanum et à Pompéi. C'est là qu'on a recueilli près de quinze cents fragments de peinture antique provenant des villes exhumées. Nous signalerons particulièrement le sacrifice d'Iphigénie, copie du célèbre tableau de Timanthe, que Pline l'Ancien signale comme un chef-d'œuvre et que l'on ne connaissait jusqu'ici que par les nombreuses, mais vagues descriptions qui en avaient été faites. L'expression de tristesse de la jeune fille qui va être sacrifiée sur l'ordre de l'oracle est véritablement merveilleuse ; sans doute le peintre, ayant épuisé sur cette figure toutes les ressources de son art et désespérant de pouvoir exprimer la douleur paternelle, a couvert d'un voile la figure d'Agamemnon, père de la victime. « Mais, dit M. Viardot (1), selon moi, de tous les débris de l'art antique dont les fouilles de Pompéi ont doté le musée de Naples, il n'en est pas de plus précieux que deux simples dessins au trait, faits avec un crayon rouge sur des plaques de marbre blanc. L'un, très bien conservé, représente *Thésée tuant le Minotaure* ; l'autre, plus altéré, *un groupe de dames jouant aux osselets*. Dans l'un et dans l'autre, le dessin, très savant, est d'une pureté, d'un fini remarquables, non seulement bien supérieurs à celui des fresques proprement dites, qui brillent surtout par la couleur, mais vraiment dignes des artistes les plus sévères de l'école de Raphaël. C'est un noble et curieux échantillon de ce qu'on peut appeler l'art de la peinture dans l'antiquité ».

Nous avons dit un mot des mosaïques, notamment de celle qui représente la bataille d'Arbelles : comme la plupart des autres mosaïques et des fresques, on la considère comme la copie d'un tableau dont l'auteur est, cette fois, resté inconnu. Elle a treize mètres cinquante centimètres de superficie ; on estime à 1,380,000 le nombre des petits morceaux de marbre avec lesquels elle est composée. Lorsque M. Bianchi découvrit ce trésor, le 21 octobre 1831, dans la maison du Faune à Pompéi, il fut saisi d'une joie si vive qu'il faillit en

(1) L. Viardot : *Les Musées d'Italie.*

devenir fou : voilà une noble émotion et qui fait honneur à un homme.

Les peintures murales de Pompéi et d'Herculanum nous ont révélé que les anciens, en vantant les œuvres des célèbres peintres grecs, Apelle, Zeuxis, Parrhasius, Timanthe, n'exagéraient pas un enthousiasme légitime. Nous admirons presque sans réserve les copies des œuvres de ces maîtres ; que devaient-être les œuvres originales ! On comprend, après cela, la légende des oiseaux qui venaient becqueter les grappes de raisin que Zeuxis avait représentées au milieu de fleurs et qu'il exposait sur une des places d'Athènes.

Nous connaissons la sculpture antique : on peut l'admirer au Louvre, où les chefs-d'œuvre coudoient les chefs-d'œuvre ; mais les fouilles de Pompéi et surtout d'Herculanum ont fait découvrir plusieurs morceaux admirables au milieu d'une infinité d'excellentes choses, car jamais l'art antique n'est médiocre. Les peintres modernes (on n'en peut rien savoir) ont peut-être surpassé les anciens : Raphaël a peut-être été supérieur à Apelle, ou Murillo à Parrhasius, mais pour la sculpture, nous avons les deux arts côte à côte : l'un est beau, l'autre est sublime.

Parmi les statues trouvées à Herculanum, on remarque avant tout l'Aristide que nous avons déjà signalé, les neuf statues de la famille Balbus qui décoraient le théâtre, une Minerve et une Diane, remontant aux premiers temps de l'art grec, particulièrement précieuses. Une énumération serait fastidieuse, les descriptions de ces chefs-d'œuvre nous feraient sortir de notre cadre, nous arrêtons là cette rapide excursion dans l'art antique tel que nous le révèlent les deux villes si heureusement conservées, pour terminer par ces paroles si justes de M. Marc Monnier (1) : « Ah! sans doute, en voyant toutes ces merveilles, vous serez forcé de reconnaître que les bourgeois de l'ancien temps étaient, pour le moins, aussi artistes que nous. C'est que, dans l'ancien temps, aucun mur ne se dressait entre le bourgeois et l'artiste. Il n'y avait pas deux camps opposés, d'un côté les Philistins, de l'autre le peuple de Dieu. Il n'y avait pas de distinction entre le nécessaire et le superflu, entre le positif et l'idéal. L'art était le pain quotidien, et non le gâteau des dimanches ; il entrait partout, éclairait, égayait, parfumait tout. Il ne flottait pas en dehors ni au-dessus de la vie, il en était l'âme et la joie, il la pénétrait enfin et il en était pénétré lui-même, — il vivait. Et voilà ce que nous ont appris ces modestes ruines ».

(1) Ouvr. cité.

CONCLUSION

C'est ainsi que le Vésuve nous a conservé les plus précieux témoignages de la civilisation antique sous les cendres et les laves vomies par son cratère. A la distance de dix-huit siècles, nous pouvons être égoïstes et nous féliciter de ce désastre sans exemple, qui nous a permis de pénétrer dans l'intimité d'un peuple que nous n'avions guère observé auparavant que, pour ainsi dire, par les fenêtres ou par la porte entre-baîllée. Nous avons pu voir ce que c'était qu'une ville romaine : nous nous sommes promenés dans le Forum avec les Pompéiens, nous sommes entrés dans la Basilique, nous avons indiscrètement pénétré dans le sanctuaire des temples. Nous avons examiné ces boutiques où l'on vendait à peu près ce que l'on vend maintenant; nous avons fait un tour au marché et parcouru, en litière ou à pied, ces rues étroites, sombres, mais égayées par des couleurs vives de maisons habilement peintes, par ces affiches où s'étalent les mêmes mensonges que sur les nôtres, par ce va-et-vient de la foule bigarrée, par la silhouette entrevue d'une Pompéienne, dissimulée derrière la fenêtre de son balcon fermé. Les thermes nous ont montré une ville entière gesticulant et criant dans la même piscine.

en même temps que les habitudes des élégants et des oisifs. Malgré le chien et le portier, nous avons parcouru une maison depuis l'atrium jusqu'au xyste, nous arrêtant un instant devant la table servie, montant jusque dans la chambre d'une Pompéienne pour assister à sa toilette. Nous avons tenu à nous rendre compte en quoi les théâtres des anciens différaient des nôtres, et ce n'est pas sans émotion que, moins féroces que le public de l'amphithéâtre, nous avons assisté aux combats sanglants des gladiateurs. Enfin, en passant par Herculanum, sœur de Pompéi dans son ensevelissement comme dans sa résurrection, nous nous sommes extasiés sur la perfection de l'art antique produisant des chefs-d'œuvre jusque dans une ville perdue au fond d'une province.

N'est-ce point là une excursion intéressante? En tout cas, elle n'est point banale. Il me semble aussi qu'on doit en garder un vivant souvenir ; car si, comme dit le poète latin Plaute, rien de ce qui est humain ne doit nous être étranger, nous devrions, en ce cas, nous passionner pour ces Anciens, dont nous sommes les descendants directs par les qualités de l'intelligence et le goût du beau, et dont nous devons nous efforcer d'être les continuateurs et les disciples fervents.

TABLE DES MATIÈRES

TABLE DES GRAVURES

PARIS. — IMPRIMERIE CHAIX, SUCC. DE SAINT-OUEN. — 2412-2

BIBLIOTHÈQUE DE VULGARISATION

Chaque ouvrage est complet en 1 v. gr. in-16 de 320 à 360 pag.
Broché : 2 fr. 50 ; cartonné à l'anglaise : 4 fr.
Avec titre et tranches dorées, 2 fr. 50.

ONT PARU :

AD. DE FONTPERTUIS

1° Chine, Japon, Siam et Cambodge, avec gravures dans le texte.

—

G. BUREAU
Ingénieur civil, Inspecteur de la Compagnie des chemins de fer de l'Ouest.

2° La Vapeur, *ses principales applications.* **— Voies ferrées, — Navigation,** avec 48 gravures dans le texte.

—

ALEXIS CLERC

3° Voyage au Pays du Pétrole.

—

ÉDOUARD CAT
Professeur agrégé d'histoire et de géographie.

4° Les grandes Découvertes maritimes du XIIIᵉ au XVIᵉ siècle, avec gravures dans le texte.

—

J.-E. ALAUX
Docteur ès lettres, agrégé de philosophie.

5° Histoire de la Philosophie.

—

PAUL GAFFAREL
Doyen de la Faculté des Lettres de Dijon.

6° Les Explorations françaises de 1870 à 1881, avec gravures dans le texte et six cartes géographiques.

(A obtenu le prix Jomard.)

JEAN LAROCQUE

7° L'Angleterre et le Peuple anglais, avec une carte d'Angleterre.

—

ADRIEN DESPREZ

8° La Politique féminine, de Marie de Médicis à Marie-Antoinette. 1610-1792.

—

MAURISSE PÉLISSON
Agrégé des lettres.

9° Les Romains au temps de Pline le Jeune. — Leur vie privée.

—

A. DE MONTPERTUIS

10° Les États latins de l'Amérique.

—

HUGONNET

11° La Grèce nouvelle.
L'Hellénisme, son évolution et son avenir.

—

Dʳ CAMILLE GROLLET

12° L'Électricité, — *ses principales applications,* **—** avec nombreuses gravures.

—

Mᵐᵉ RATAZZI

13° Le Portugal à vol d'oiseau

—

RAOUL POSTEL

14° L'Extrême-Orient.
Cochinchine, Annam, Tonkin, — avec gravures dans le texte.

LA COLLECTION S'AUGMENTE ANNUELLEMENT D'UN OU DEUX VOLUMES
Envoi franco.

BIBLIOTHÈQUE DE VULGARISATION

En préparation d'édition

Pour paraître dans le cours de l'année 1882

AUG. DELAGE
Maître de Conférences à l'École supérieure d'Alger.

La Plante phanérogame. — Son organisation, sa vie.

GIRARD DE RIALLE

Nos Ancêtres.

JOEL LE SAVOUREUX

Pays des Balkans et Roumanie. — Population, tradition, gouvernement.

MAURICE PÉLISSON
Agrégé des Lettres, Professeur de Rhétorique.

L'Empire romain sous Trajan. — Religion, administration, lettres et arts.

JEAN LAROCQUE

La Grèce au temps de Périclès.

N. QUELLIEN

Le Monde celtique.

J.-E. ALAUX
Docteur ès lettres, Professeur de philosophie.

La Langue et la Littérature française du XV⁰ au XVII⁰ siècle.

G. BUREAU
Ingénieur.

Les Forces de la Nature. — Électricité, air, eau, feu, lumière.

C. BOIS
Avocat à la Cour d'appel de Paris.

Le Droit français. — Des origines romaines et coutumières jusqu'à nos jours.

J.-A. GATTEYRIAS
Asie centrale et Sibérie.

PAUL BOURDE et DUTREUIL DE RHINS
Les Colonies françaises.

FÉLIX MORGES
Docteur ès siences, professeur de chimie industrielle à la Faculté des sciences de Marseille.

Introduction aux Études de Physique et Chimie industrielle.

MOREL
La Télégraphie.

Dr LEGÉROT
Maître de Conférences à l'École supérieure d'Alger.

L'Animal vertébré. — Son organisation et sa vie.

PAUL GAFFAREL
Doyen de la Faculté des lettres de Dijon.
L'Ancien Régime.
La France et l'Europe en 1789.

EDGARD MONTEIL
AVEC PRÉFACE D'ARTHUR RANC.

La Belgique et son peuple.

ADRIEN DESPREZ
Richelieu et Mazarin. — Leurs deux politiques. Résultats.

SPECIMEN DES GRAVURES
De CHINE, JAPON, SIAM, par Ad.-F. de Fontpertuis.
(Bibliothèque de Vulgarisation.)